The Letter Dd

Things I Can Do

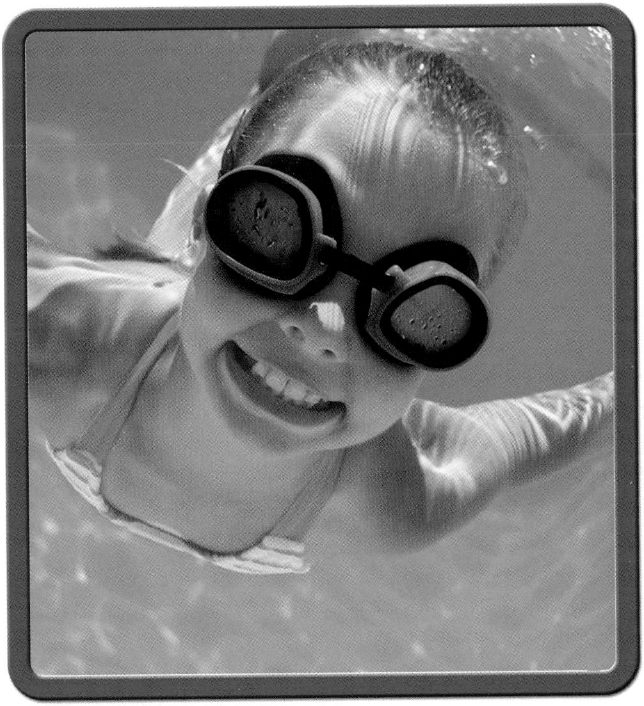

by Hollie J. Endres

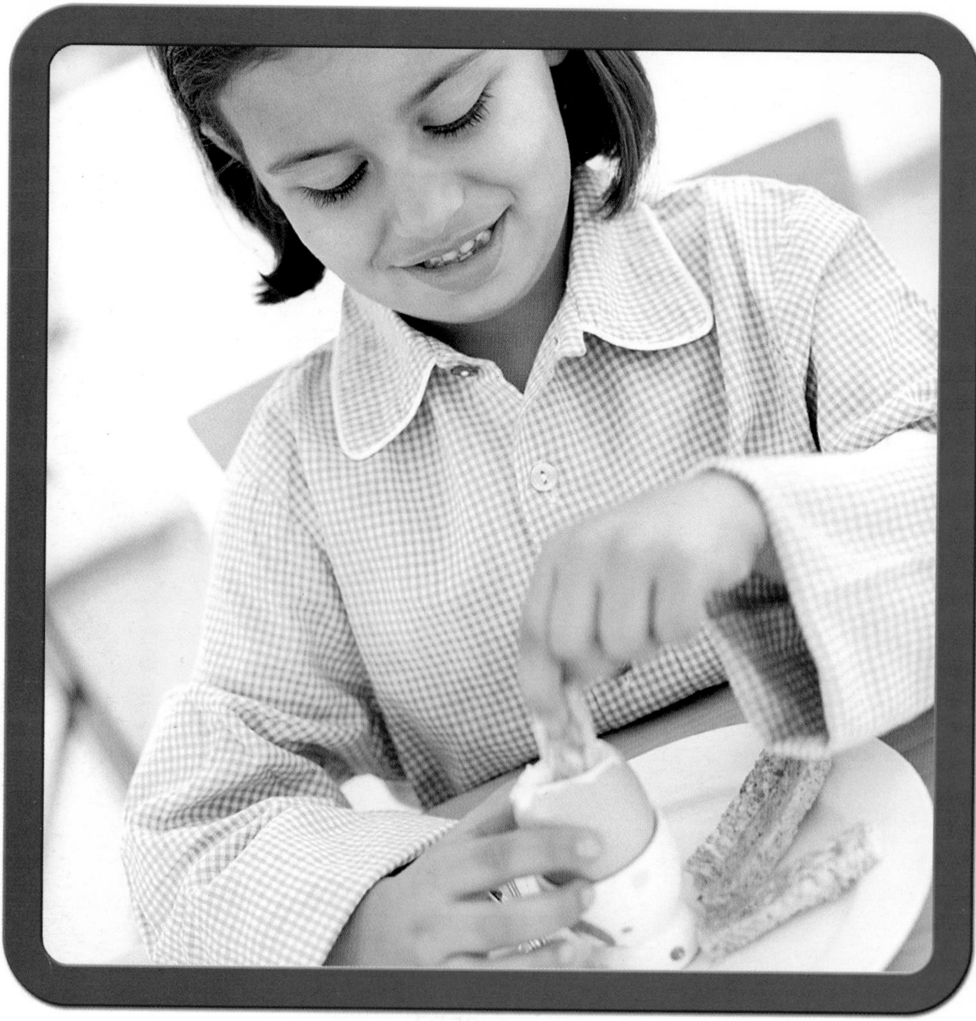

I can **d**ip.

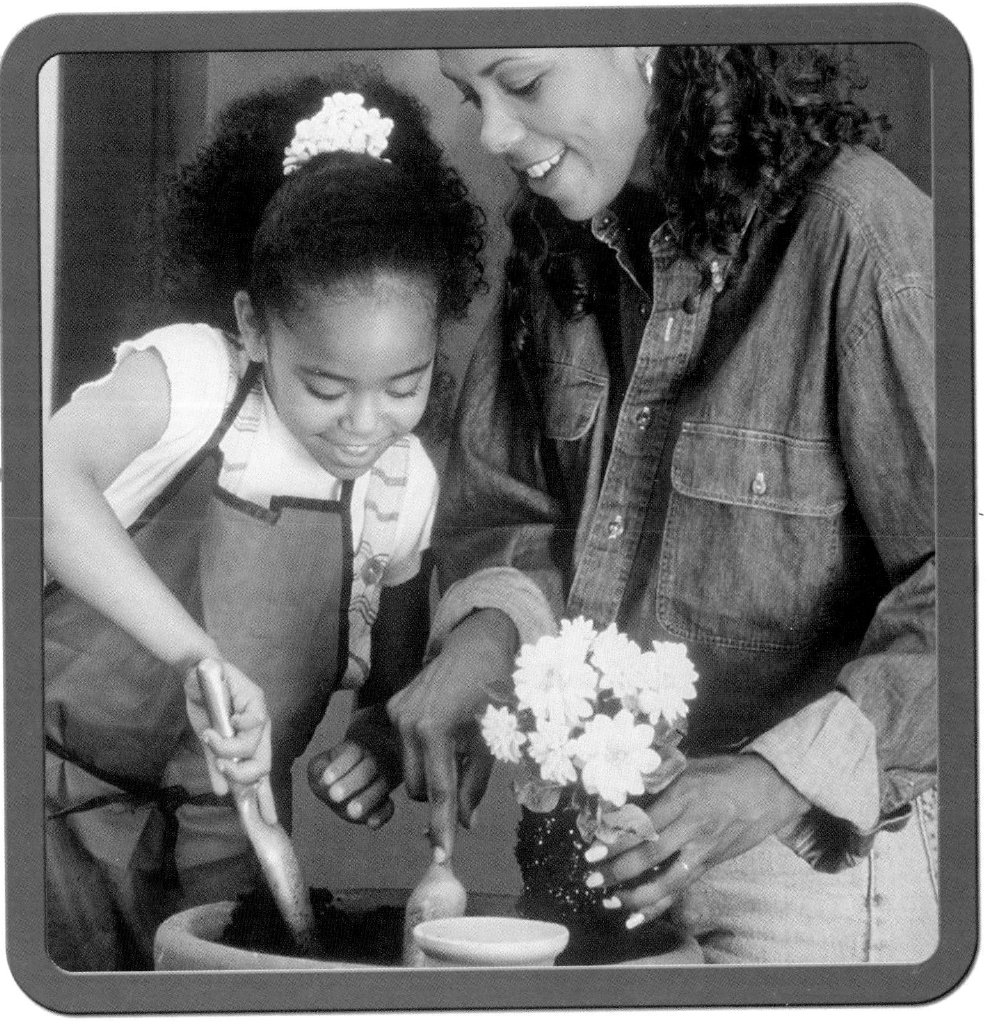

I can **d**ig.

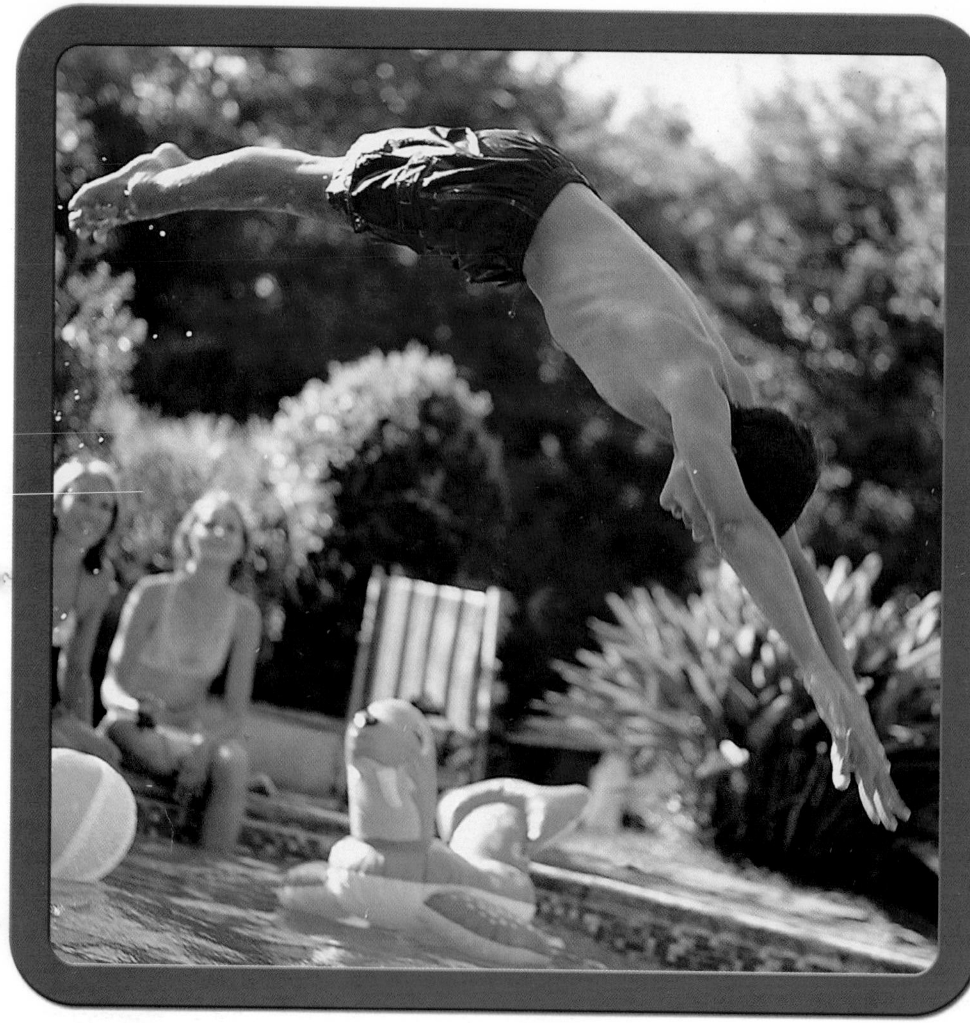

I can **d**ive.

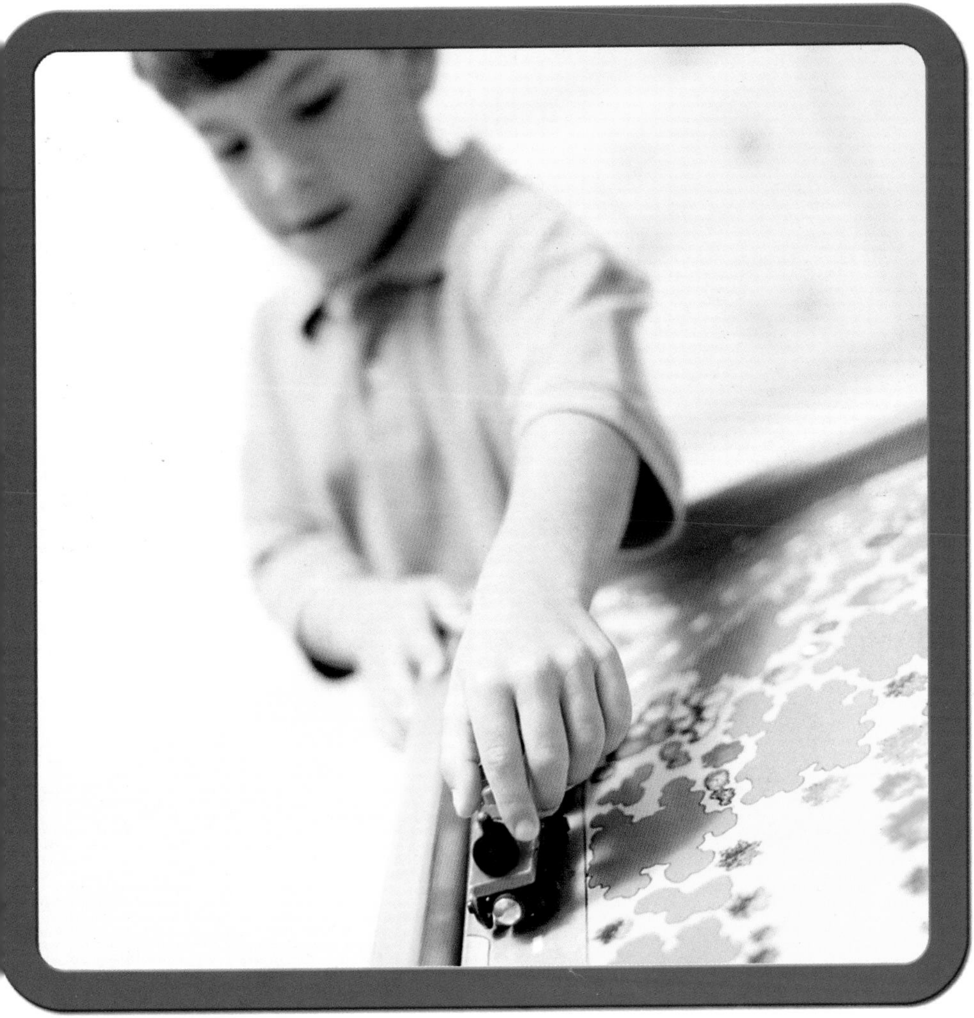

I can **d**rive.

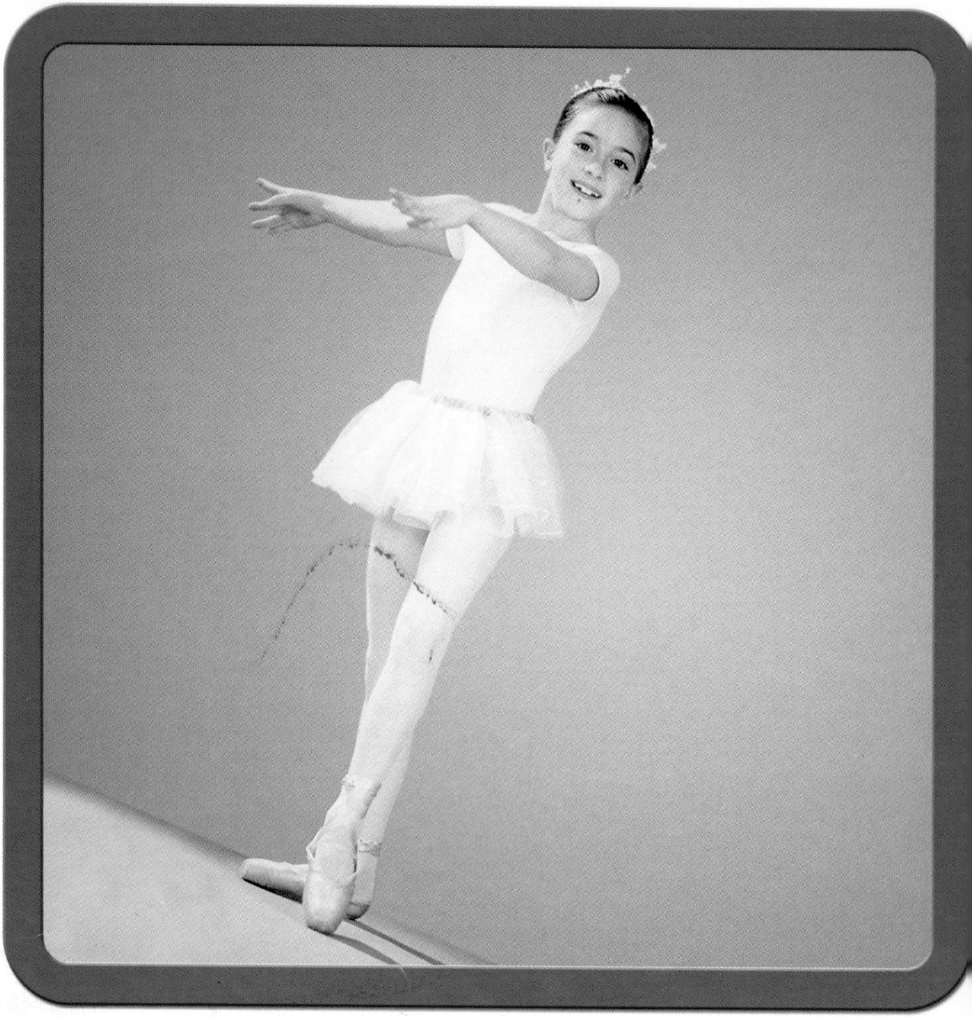

I can **d**ance.

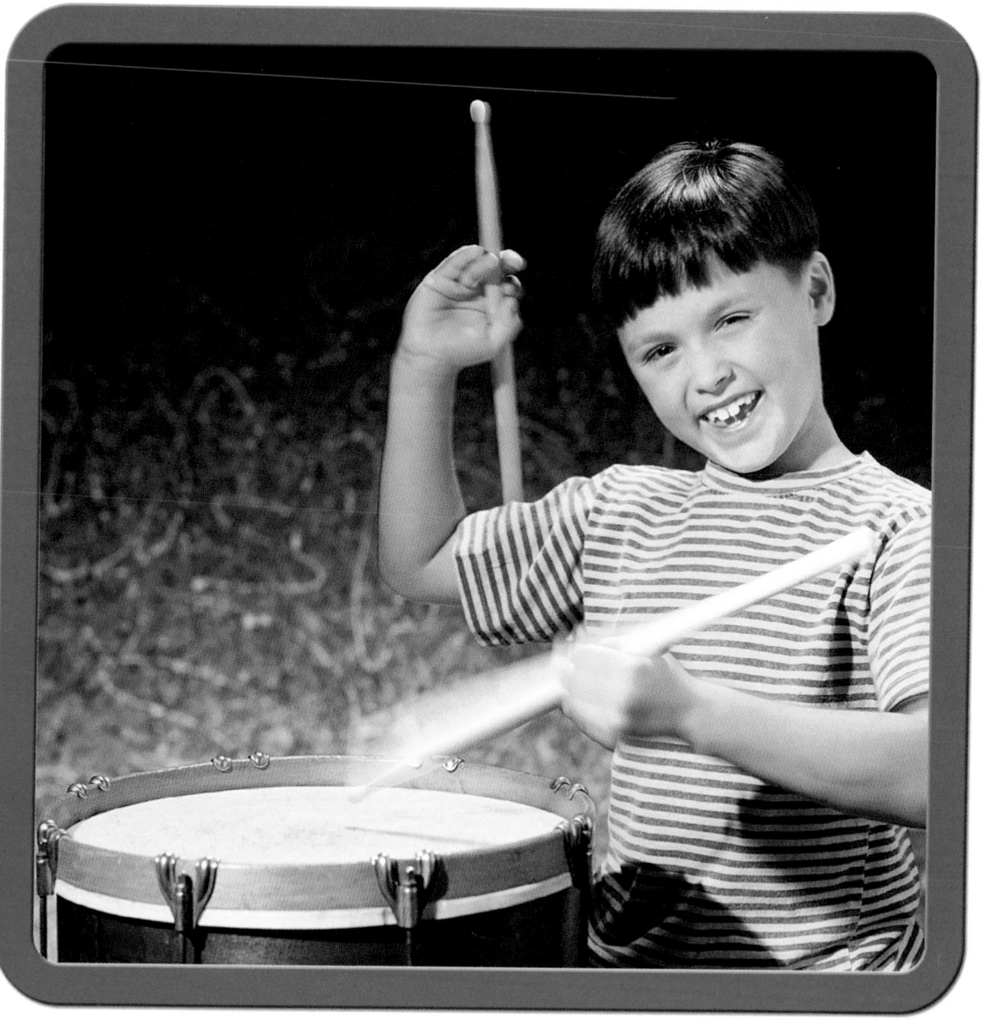

I can **d**rum.

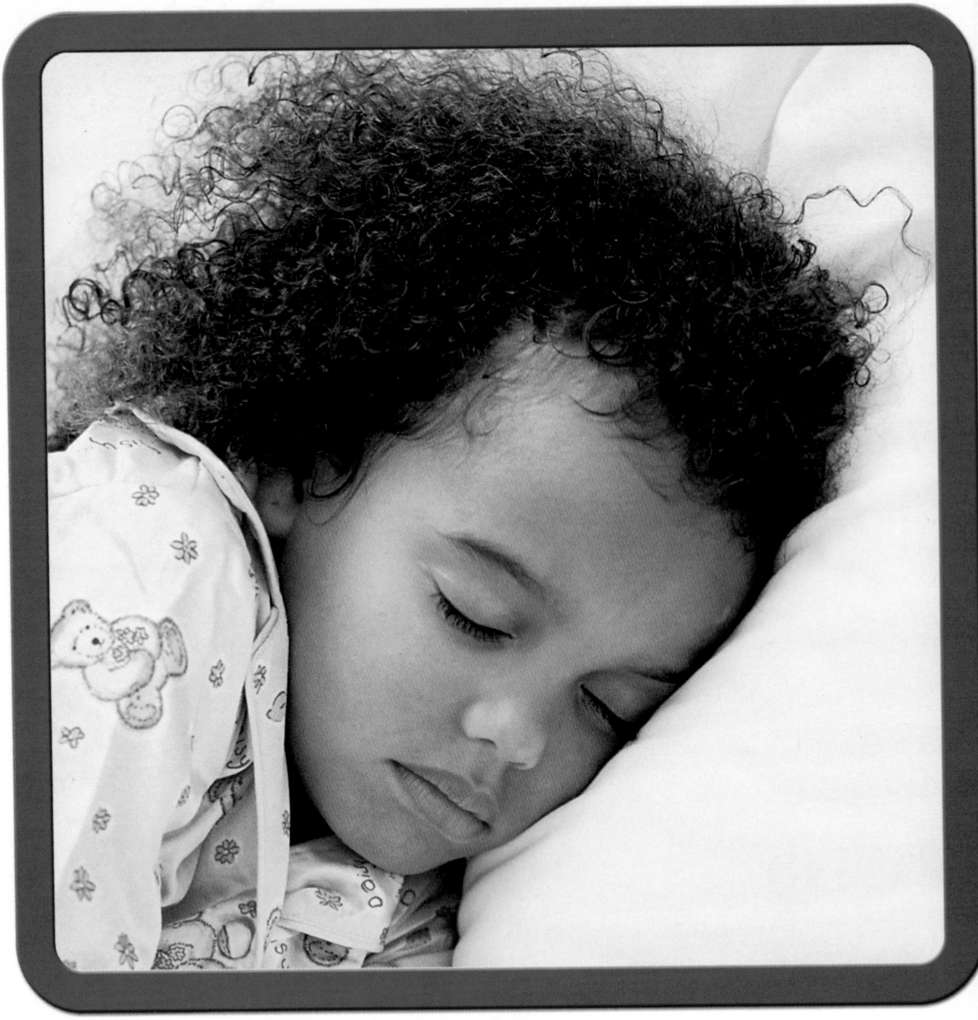

I can **d**ream.